I ångestens mörker

Diamant Eriksson

FSC
www.fsc.org
MIX
Papper från
ansvarsfulla källor
Paper from
responsible sources
FSC® C105338

*Jag vill tacka att just du vill läsa denna
boken hur det är att leva med
Panikångest, många lider i det tysta,
genom min bok kanske fler kommer ut
och berättar om sin diagnos.*

*Den handlar om hur det är att leva med
Panikångest och en del andra diagnoser
som lätt kan uppstå i samband med
diagnosen. Detta är min historia.
Jag delar denna bok så alla kan förstå
vad Panikångest gör med en som är
drabbad, varför en ångestattack
förändrar varje människa? Från att vara
social och glad till att bli en rädd,
isolerad och skräckslagen liten
människa. Boken tar er genom en
verklighet som finns överallt, som är en
vardag för oss med Panikångest. Hoppas
den ger er en liten inblick i hur det är att
leva med detta. Tack/ Diamant Eriksson*

Inledning

*Jag trivdes med livet, jag ser tillbaka på
livet och jag hade allt, både vänner
familj runtomkring. Helt plötsligt
ändrades det till ensamhet, jag såg mitt
liv passera förbi, hur
alla minnena, all glädje förvann. Trodde
aldrig, förstod aldrig varför. När jag fick
ångest kändes det som att vara inuti en
kub, jag hittade inte vägen ut, jag var
instängd i miljontals olika rum som
aldrig tog slut. Dem blev fler för varje
dag, det var som att vara fångad i en
oändlighet. Minns det som en dimma, ett
vakuum liknande tillstånd, det var som
att vara ovanför min kropp, vad händer,
var är jag någonstans? Kan någon
hjälpa mig bort, jag vill slita ut känslan,
vill bli fri från allt. Kämpade mig sakta
upp till ytan, jag vill så gärna, men långt
där nere känner jag trådarna snurra sig*

runt min kropp och drar sakta ner mig i mörkret igen. Minns ännu känslan när den tog tag och ruskade om mig, det värsta jag varit med om. Varför kom den nu? Varför kändes det så här, ville bara bort, tillbaka till livet igen. Efter den dagen var livet förändrat för alltid, det känslor som uppkom under tiden var inte från denna värld. Kämpade varje dag med ångesten, trodde det var förgäves, att allt var försent, att tiden på jorden var över. Såg livet passera förbi, ville inte dö nu, ville leva kvar med nyfunna kärleken. Ville planera framtiden, istället upplevde jag skräck och rädsla. Försökte finna lösningar på hur den tagit form, vilka öppningar, varför det hände mig. Ville bara bort från detta, få ett slut på det. Som tur var kom verkligheten tillbaka igen, känslorna var borta, för tillfället. Jag satt och väntade in när den skulle attackera igen, då skulle jag vara beredd, då skulle den få. Stod beredd med hela kroppen som försvar, visste innerst inne att det var lönlöst, ville ändå inte ge upp. En vacker dag ska den få, om så inte i dag, i morgon eller nästa vecka så skulle den få. Jag hade byggt upp en sådan styrka som inte var av denna värld, jag var beredd när nästa attack kom, då skulle jag bemästra den, då skulle den få. Många gånger vann den över mig, jag trodde loppet var kört. Jag bestämde mig för att kämpa igen, tog sats med båda benen när den tog tag, jag flög som i slowmotion rakt ner i golvet med en duns, den kunde inte ta mig, nej den var starkare än jag trodde. Tårarna föll sakta ner för mina kinder, kände hur den tog tag i mitt inre, jag försvann mer och mer, jag måste upp igen från djupet, men kände hur den hade ett stenhårt grepp om mig. Ångesten hade vunnit, utan en chans att bemästra den, vad skulle jag göra nu, hur skulle jag göra nästa gång? Ingen som kunde hjälpa mig. Låg ihopkrupen på golvet och kände trådarna slingra sig runt min kropp, det var som elektriska impulser som stötvis kom in i kroppen, kände rummet försvinna under mig, jag var ännu en gång förlorad i mörkret.

1

Det var en kylig dag, träden hade börjat tappa sina löv. Minns inte vilken månad, men det var kallt ute. Frosten hade börjat ta sin form på bilrutorna på parkeringen utanför akutmottagningen. Såg rökmolnet när jag tog den allra sista blosset på cigaretten, det var dags att sluta. Kunde inte ens ta en cigarett, känslan bokstavligt talat slog ner mig till marken. Tårarna rann nedför mina kinder och lämnade ett streck från sminket. Tog upp en servett från handväskan jag bar runt min kropp och torkade försiktigt bort tårarna. Hur kunde mitt liv bli såhär, allt var så bra. Jag ville tro att allt var bra, men varför fick jag alla dessa känslor?

*Mitt liv var underbart med en ny
pojkvän, hade barnen varannan helg,
levde ett normalt liv med familjen och
vännerna, då livet tog en plötslig
vändning. Ni känner säkert igen er, det
perfekta livet, allt var bra, vänner, nykär
och helt plötsligt vänds allt upp och ner,
ganska lägligt när allt är så underbart.
Stod och tittade ner på mina fötter, som
hade domnat bort av kylan, den tunna
tröjan jag hade på mig fick mig att
huttra av kylan. Såg Anders skugga
bakom hörnet vid akutintaget. Han tog
av sin jacka och svepte den om mig.
- Tack, jag fryser så mycket.
- Kom så går vi in, sade han lågt och
lade sina armar om mig.*

*Sakta gick vi mot den stora ingången till
akutmottagningen, kändes som en
evighet innan vi nådde ingången. Det
var ganska lugnt inne på
akutmottagningen i Göteborg, alla satt
tysta och var upptagna med sitt, mitt i
allt lyckades jag ändå se mig omkring.
Lade märke till en speciell kvinna som*

*kved av smärta, tyckte så synd om henne,
kan inte glömma hennes lilla kropp, där
hon satt tillsammans med sin mamma.
Tills slut var det hennes tur, jag suckade
av lättnad, äntligen fick hon komma in.
Sen var det vår tur, vilket var skönt för
dessa känslor hade tagit över totalt.*

*Den natten var jättetuff, jag fick inte en
lugn stund, Kändes som om jag skulle dö
hela tiden, fick ingen luft, förstod att det
måste vara något som orsakar detta.*

*Läkaren utsatte min kropp för stress, där
jag fick springa längs korridoren under
tiden skulle han mäta min puls och
syremättnad, det var det tuffaste jag
varit med om, sen togs provtagning, dem
satte extra syrgas. Den natten fick jag
både panik och svårigheter att andas
och kunde inte lokalisera vart jag var,
läkaren hade kommit fram till vad jag
hade och vad det var för gemensam
nämnare.*

*- Du har fått Paniksyndrom, och du har
även dödsångest märker jag, sa läkaren.*
- Vad innebär det, frågade min man

*Läkaren informerade min man då jag
var helt borta i mina attacker efter den
behandlingen, så jag fick remitteras till
psykiatrin där jag fick behandling, efter
det kom flera attacker efter varandra.
Jag var helt slut efter den natten. Orkade
inte ens gå så kraftfulla attacker fick jag.*

*Förstod först inte vad det var för något
som kommit över mig då jag var så
borta. Jag fick sen veta vad jag hade haft
och insåg sen att det förvånande mig att
den kom nu. Förstod inte varför. Tur
akutintaget var nära i fall det behövdes.
Några dagar senare fick den åter tag
igen, den kom som en stormvind rakt
igenom kroppen. Hamnade på akuten
igen, där kändes det tryggt att vara,
vårdpersonal fanns tillgänglig. Ångesten
sköljde över mig, hela tiden. Den hade
kommit för att stanna på heltid kändes
det som. Det kändes som en evighet
mellan varje attack, det var som att
öppna en kran. Sedan blev jag utskriven
igen, vardagen kom och livet blev svårt,
kallt, och trist. Levde i skräck hela tiden,
men ingen annan förstod förutom*

*Anders. Det kändes som en mardröm. Så
många gånger vi åkte in till akuten.
Ambulansfärd till psykakuten eller
akuten blev som en vardag för oss.
Kampen om att överleva.
Det var skrämmande, som att vara
instängd i kroppen och inte komma ut.
Ungefär som ett monster som hade tagit
sig in. Många dagar som jag bara satt
rakt upp och ner och visste inte ens vart
jag var, okontaktbar vissa gånger. Ingen
aning om varför men tror det kan vara
att jag gick in i någon slags trans eller
något, kroppen som stängde av
känslorna helt enkelt.
Jag minns kylan från känslan hur den
bet sig fast från tårna och upp, nästan
istappliknande droppar av is över hela
kroppen, precis varenda liten bit, det
kändes rakt igenom mig, precis överallt.
Det var så kallt, kändes som om döden
var nära, flåsandes i nacken på mig.
Ville bara bort från känslan, det kändes
kallt ända in i skelettet på mig. Det
kändes som en grop i magen. Känslan
att vara jagad av ett otäckt mörker,
kände mig så liten och ensam. Det var*

som att vara i ett vakuum, det kändes
som om jag slets sönder inifrån.
Trycket över bröstet bara ökade i styrka,
det var som om allt försvann runt mig.
Känslan var där hela tiden, styrkan i
kroppen var på väg att ge upp, kämpade
så hårt för att inte tappa medvetandet.
Hjälp mig härifrån, jag orkar inte mer,
precis när det var som tuffast upplevde
jag att jag orkade kämpa lite till. Den
satt fast som sten, nästan ingjuten inuti
mig. Den fanns kvar där någonstans.
Den där ångesten. Rädslan fanns hela
tiden trots att jag försökte tänka bort
den. Upplevde olika nivåer av både oro
och rädsla. Kände genast på pulsen och
insåg att det bultade precis som vanligt.
Något var fel, frågan är vad för fel.
Varför kunde jag inte bara blunda och
allt skulle vara över, så jag slapp allt.
Tyvärr var det inte så enkelt.

Dagarna föll till veckor och känslan
försvann aldrig, utan ökade konstant.
Varje dag när jag var ensam sköljde den
över mig, den var som starkast då, och
många gånger tuppade jag av. På

dagarna försökte jag tänka bort den,
men det var som om den hade övertaget.
Jag ställde mig i duschen och lät det
iskalla vattnet strömma över min kropp,
försökte allt för att stilla det. Det blev
alldeles tyst, det slutade helt plötsligt,
antagligen var det kylan ifrån det kalla
vattnet som fick mig att kvickna till. Stod
en stund och blundade, det var alldeles
tyst runtomkring. Vattnet droppade från
håret och kroppen, kände hur jag
började frysa. Äntligen hade jag en lugn
stund. Tog handduken som hängde på
den vita väggen vid påsen och pressade
håret i den. Efter en stund hade det
nästan torkat, vet inte hur länge jag stått
där, såg påsen som innehöll hårspolar
som jag lånat av svärmor, fick för mig
att sätta i dem. Jag fick ett annat fokus.
Spolarna satte jag noggrant i varje
sektion i håret som var nästan korpsvart.
Lent och mjukt av all inpackning. Kände
mig lycklig för första gången på länge.
Det varade inte så lång stund den där
lyckan som alla andra kände. Men var
glad för det lilla jag upplevt.

*Försökte lägga mig en stund i sängen,
för att koppla av, bäddade in mig, hade
inget annat val än att försöka komma till
ro. Lyssnade lite lätt på olika ljud som
var från medveten närvaro, lyckades
somna en stund och upplevde att jag sov
gott för en gångs skull. Vaknade med ett
ryck, hörde hur det stökades i hallen.
Det var min äldsta son som kom på
besök. Älskade dessa dagar som var och
är en viktig tid för mig, att få träffa
barnen, då är det lugnast.*

*Vi satt och småpratade en stund och han
hade så mycket att berätta, smålog lite
för mig själv när jag satt och lyssnade.
Det kändes som vanligt igen, hörde bara
hans röst. Det kändes bra att få ett annat
fokus just nu, det blev för mycket av det
negativa annars. Barnen är mitt positiva
i livet som gör det värt att kämpa för.*

*Jag fixade lite mat till oss och han
visade nyaste filmerna som skulle visas
på bio, kunde inte önska något mer än
detta, jag var lyckligast just nu.
Till slut fick han hemlängtan och drog
på sig skorna, hans grova vinterkängor*

*satt perfekt på fötterna, han smålog lite
och utbrast*

*- Vad är det? Frågade han lite kaxigt.
- Inget kollade in dina snygga kängor
bara, sa jag och log brett.
- Klart dem är snygga, dem sitter på
mig.*

*Typiska svar från barnen. Skrattade högt
och kramade honom en stund innan han
öppnade dörren för att gå iväg. Det hade
mörknat ute, hade inte ens märkt det.
Gick in och satte mig i soffan och
slötittade på tv n.*

*Måste ha somnat i soffan för jag
bländades av ljuset från bilen som
svängde in på garageuppfarten. Kisade
lite lätt och såg mig omkring, äntligen
kom Anders hem igen. Varje kväll han
steg innanför var det en lättnad.
- Äntligen är du hemma, sa jag med ett
leende!
- hej mitt hjärta nu är jag hemma igen,
utbrast han och log.*

Vi stod en stund och bara höll om varandra, det kändes så bra. Dagen efter så kändes det ovanligt konstigt i kroppen på något sätt, det var svårt att förklara. Kände hur känslan susade förbi mig, den grep tag och släppte inte.

Ingen talade om för mig att det var normalt att få ångest och att den kan komma när som helst på dygnet, ingen sa något förrän jag sökte hjälp. Jag satt på sängkanten och tårarna forsade ner för mina kinder som var alldeles röda av alla tårar. Jag var så rädd, visste inte vart jag skulle ta vägen. Visste inte hur den skulle hanteras. Jag ville bort från allt, jag ville förstå, varför fanns ingen väg ut. Inget svar, det var alldeles tyst, jag skrek ut i tomheten i tystnaden, men ingen hörde mig. Sprang in till badrummet och kastade iskallt vatten i ansiktet, kände hur jag sakta omslöts av det mörka runt hela kroppen. Det kändes som om den är ingrodd under huden, det var som ett skal runt kroppen.

Många gånger funderade jag på varför jag fanns, varför jag valts ut, ungefär som om jag var den som skulle lida. Fast det stämde inte, så gick mina tankar av och an. Detta tog verkligen hårt på mig, känslan var så skrämmande, så pass tajt känsla i bröstet, att inte kunna andas.

Ångest är tufft att drabbas av, ville bara bli av med det. Hamnade i djup depression av en konstig anledning. Den allra första läkaren som satte diagnos på mig var en specialistläkare. Insåg att något inte stämde med kroppen redan då, fick då behandling och skickades hem. Var även hos läkaren för att Anders skulle få kunskap och vägledning om diagnosen. Redan i början hade jag utvecklat det, var bara där för uppföljning. Efter ett tag utvecklades panikångest till ännu fler olika diagnoser, för jag kunde inte hantera alla samtidigt. Fick då KBT och behandling av medicin. Det var början på min resa. Psykisk ohälsa ekade i huvudet på mig. Ville få en tablett så blev det bra så jag kunde fortsätta mitt liv. Men det fungerade inte så. Behövde både behandling av KBT och medicinering och samtal för att det skulle förbättras. "Jag var den svårt drabbade patienten." Den hade tagit över helt, det var tungt att ta tag i själv. Med depression och paniksyndrom var vägen lång,

Förstod inte, ville inte förstå, varför ska jag ha psykisk ohälsa. Kände många gånger att kroppen inte orkade, men sa aldrig till någon annan, ingen skulle förstå, ingen visste, varför skulle dem? Så jag led i ensamheten när Anders jobbade. Det är en fördel att berätta det, men visste bara inte hur, det var så svårt att berätta hur det kändes och vad som utlöst det och varför jag behövde hjälp från psykiatrin. "Det slutade med att jag skämdes istället." Det var omöjligt att förklara hur det kändes, skräcken och rädslan i kroppen, oron, den starka känslan, nej det går inte, ingen skulle förstå, vilket jag inte insåg då, förrän senare.

Varje natt rann tårarna, varför kunde den inte bara sluta, vill bli lämnad i fred,

*hade alltid kvällsångest, vågade inte
somna utan höll mig vaken.*

*Kunde inte fly från det. Kan inte heller
fly från rädslan att förlora kontrollen,
den ligger där, djupt inne, ungefär som
om den vuxit sig fast inuti. Hatade
tanken av att ångesten skulle vinna,
kunde inte tillåta det, vad händer om
kroppen tillåter det, vad händer om jag
förlorar kontrollen, ville inte tänka så,
tanken slog mig många gånger. Varför
just nu, varför reagerade kroppen
såhär. Hur hanterade jag ångesteten,
vad gör jag nästa gång den kommer.*

*Fick boka tid för både läkare och
kuratorer och fick påbörja medicinering
och studera behovstrappan, aldrig fått
uppleva detta förut. Den där
behovstrappan, var, hur, varför och när.
Kände orken sakta började försvinna,
ville bara ge upp.*

*För att bli av med panikångest behövde
jag utsätta kroppen för olika platser att
arbeta med. För att sedan se hur*

kroppen reagerade, fläkta eller fly. Vissa behöver t.o.m. försöka stanna kvar i känslan för att bemästra den på den nivån.
 -stanna kvar i känslan sa dem
 - Hur då? Varför då?
Frågorna jag inte fick svar på just då. Det fortsatte att komma oftare för varje gång jag besökte öppenvården, kroppen sa ifrån, fick flera ångestattacker. Kände mig så ensam i världen, är det bara var jag som hade det.

För varje gång attacken kom visste jag vad som skulle ske, det satt i benmärgen ungefär. Ville bara bort från allt. Men det blev allt svartare och mörkret omslöt mig, till slut tappade jag kontrollen.

Byggde upp en rädsla. För varje gång vi åkte till ställen, kom den i full kraft. Fick höra från olika personer

-"det sitter bara i ditt huvud"
-"ångest det är väl inget att gnälla för"

*De har inte haft det själva. Blev helt
förstörd när jag inte fick stödet jag
behövde. De hade inte samma kunskaper
och förståelse som min Anders hade fått.
Det var inte deras fel. Panikångest är en
intensiv oro med mer obehagliga känslor
som kommer plötsligt utan förvarning.
- Alla känner olika sa Kuratorn, du
upplever det såhär.
- ok, varför kommer den så plötsligt
frågade jag?
- För du var med om olika traumatiska
händelser som gjort att det till slut inte
gick att hantera dem alla samtidigt.*

*Kändes skönt att veta varför. Det var
dags för nästa steg nu när jag förstod
varför den uppkommit. Fick diagnosen
PTSD, som uppkom i samband med
traumatiska händelser.*

*Jag hatade verkligen att åka iväg, känna
hur hjulen rullar och farten ökade. Bara
den bilturen till Väla fick ångesten att
eskalera. Ville försöka så jag gick ur
bilen och tog mig fram till ingången av
köpcentret. Det kryllade av folk till*

*höger och vänster. Folk kom gåendes
emot mig och passerade förbi som
ingenting. Jag däremot skulle få för mig
att äta där inne med Anders. Vi gick in i
matsalen för att stå i kö.*

*Jag fick känslan av att alla vände sig åt
mitt håll, stirrade, kom gående emot mig
och stod tätt intill mig. Jag utbröt i
panik, ville bara ut därifrån. Visste att
det är bra att utsätta sig, men detta var
plågande. Vet också att folk inte var
intill mig och stirrade, utan det var bara
mina känslor.*
*- Kom hit sa Anders, det är ingen fara,
kom så står vi här en stund.*
*- Det går inte jag måste ut, jag fixar inte
detta.*
- Ok då går vi, vi åker hemåt igen.
*För varje gång vi åkte någonstans fick
jag höra att han var stolt över mig.
Förstod då inte varför men regerade
senare på det.*

*Bilfärden hem var tung, satt och
hoppade i sätet för jag var så nervös av
allt som skett.*

*- Ta det lugnt, vi är snart hemma igen,
sa Anders lugnt, och tittade på mig med
ledsna ögon.
- Vill bara lägga mig, är helt slut, orkar
inte mer idag sa jag och suckade tungt.
Det kändes som en evighet att komma
hem. Vägen kändes längre än vanligt,
och det knöt sig i magen på mig. Jag
kved och tittade uppåt himlen, bad en
stilla bön att det skulle lugna sig, vilket
det till slut gjorde. Såg mig i spegeln och
en gammal kvinna tittade tillbaka på
mig. Det tar mer mycket på energin,
orkar ibland inte ens kamma håret, det
var tungt att se hur sliten jag blivit.*

*Väl hemma slängde jag mig i duschen,
och lade mig direkt under det varma
täcket. Kände hur kroppen slappnade av.
Jag somnade helt utmattad efter dagens
äventyr. Vaknade av panik, det kändes
som om mitt syre tagit slut. Denna
gången var det från drömmen som tur
var, vände mig om och lade mig
försiktigt på Anders arm och somnade
igen.*

Märkte att många var arga på mig för att jag inte orkade göra någonting, det var för att dem inte förstod. Märktes tydligt på svaren jag fick när jag lämnade återbud varje gång, det kändes i hjärtat, klarade inte av det. Visste inte hur jag skulle säga, det är svårt att prata om. Det är svårt att förstå helt enkelt, för har en annan inte haft det så kan den personen inte förstå. Tyvärr vände många vänner mig ryggen i samband med min psykiska ohälsa, på grund av oförståelse och okunskap, vilket resulterade i elaka ord istället för att fråga hur det var.

Tyvärr sker detta överallt. Många sitter ensamma och lider i det tysta, vilket är helt galet. Varför ska vi kämpa ensamma utan vänner, nära och kära. Ska det vara såhär? Nu är det stopp. Alla kvinnor och män som idag lider av psykisk ohälsa ska fram i ljuset och visa andra att vi är lika mycket värda oavsett. Det är så ledsamt att se många är ensamma där ute. Alla behöver någon nära sig, men många sitter ensamma just nu. Dags att göra en förändring.

Idag kan jag hantera attackerna lite bättre på en hanterbar nivå, vilket jag inte lider av så mycket, men många därute gör det, många behöver hjälp. Många får inte chansen att berätta, utan sitter isolerade och lider i det tysta.

Jag skriver denna bok för att vägleda er ur ångesten, så den kanske blir mer hanterbar. Ute i samhället så är det varje kommuns stöd och hjälp som behövs för att stötta upp med råd hur den drabbade sen går vidare, exempel i stödgrupper. Det finns olika former av stöd i samhället idag.

Denna bok hjälper dig genom olika steg som är viktiga att gå igenom för bästa resultat.

Att bli medveten om sin ångest, vad den vill och vad du kan göra.

Ha förståelse för att den finns där och att den inte är påhittad

*Få vägledningen framåt för hur du
bygger upp dig själv under tiden du
genomgår alla stegen*

*Acceptansen från närstående, även ifrån
sociala nätverket att du har den, men att
den går att minska och behandlas och att
du får stöd från början.*

Läkning inifrån och ut som ger dig allt

*Reflektioner om vårdens insatser, hur
dem hjälpt mig*

Extra avsnitt, hur jag gick ner i mörkret

*Lite extra övningar från medveten
närvaro och meditation ifall behovet
finns.
Special kapitel om hur jag lever idag*

*Jag går igenom olika steg hur du bäst
sänker ångesten, sen är det individuellt
hur stegen fungerar. Kom ihåg att det
inte fungerar för alla. Alla är olika.*

En detaljerad beskrivning om min upplevelse. Boken kan vara triggande för en del, så kom ihåg att den kan skapa tankar. Den kan även få olika reaktioner, ifrån många människor vilket är normalt och den kan vara tuff för en del att läsa.

2

*Efter många timmars samtal och terapi
bestämde jag mig för att bemästra den
ordentligt. Vi begav oss till Stockholm
för att utsätta mig, vilket blev en chock
för kroppen. Vi tog en natt på en
camping längs vägen, för att sen åka
vidare till Stockholm. Det blev den mest
intensiva natten någonsin, trodde inte
kroppen skulle klara av det. Överlevde
dock nattens timmar. Känslan av skräck
och oro i kroppen. Var lamslagen och
kunde inte röra en kroppsdel, som om
den var av sten. Ville bara skrika rakt ut.
Turligt nog gick det över och allt blev
som vanligt igen.*

*Dagen efter shoppade vi på NK.
Ångesten kom över mig hela tiden, men
lade sig snabbt, och var återkommande
under resan. Vistelsen var min väg
tillbaka från svarta hålet. Visste inte det
då, utan det insåg jag senare. Ångesten*

är rätt känsla fast i fel tillfälle. Hade svårt att förstå varför den kom i stort sett hela tiden på dygnet. Ångest är kroppens försvar emot yttre trauman. Alla har ett inre försvar vilket är helt otroligt ändå om man tänker på hur vi föds och växer upp, att vi har ett inre försvarssystem. Den säger ifrån när kroppen är i fara, vilket är imponerande, trots ångesten jag led av då. Lider av panikångest än idag, men på en mer hanterbar nivå. Då har jag verkligen kommit långt. Förut var jag panikslagen och undrade varför kroppen hade så skrämmande försvarssystem.

Det är helt fantastiskt att kroppen kan försvara sig själv vid ett yttre hot. Det finns olika nivåer, och jag upplevde alla. Det var olika känslor som var förlamande. Minns det ännu idag, kroppen alarmerade från alla håll och skrek efter hjälp. Telefonen gick varm till akuten. Jag hamnade många gånger hos psykiatrin och självskadebeteendet tog över. Sorgen över allt kroppen fått utstå. Det blev för mycket helt enkelt, och var det enda sättet att ropa efter hjälp. Jag fick hjälp. Den som såg mig var maken, Anders, som fann mig liggandes i sängen där det var nära slutet. De långa stunderna inne på toaletten hade gjort mig lamslagen. Kräkningar, kniven i handen, insåg inte allvaret. Jag skadade kroppen svårt många gånger. Ett par gånger var det nära att lyckas. Ärren på min kropp var för många, attackerna ska vi inte tala om. Insåg inte hur stor skada kroppen blivit utsatt för. Jag förstod inte själv. Kroppen kändes avdomnad efter alla attacker som sköljde över mig. Ville den skulle lämna mig ifred så allt skulle lugna sig. Det var inte sista gången attackerna dök upp, utan de kom allt oftare.

När attackerna kom, så höll Anders om mig varje gång, och han blev lika chockad varje gång de kom. När inte någon fanns i närheten satt jag på pallen i duschen med kniven i handen, storgrät och sa: - varför ska det göra så ont? Varför gör det så ont? Vill bara det ska sluta. Till slut svimmade jag av alla känslor inombords. Det blev för mycket för kroppen.

*Utvecklade under tiden ett stort
självskadebeteende, där jag förstörde
kroppen. Anders kontaktade psykiatrin,
och de tog emot mig direkt. Påbörjade
en lång rad med utredningar igen, vilket
kändes upp och ner. Framförallt varför
jag fått ett sådant självskadebeteende.
Alla stegen som behövdes göras samt få
utskrivet antidepressiva, vilket gjorde
skillnad efter någon månad eller två.
Anders fanns där när ingen annan såg
mig. Många kanske trodde att de hjälpte
mig, men ingen insåg allvaret i det.
Hade inte min man kontaktat psykiatrin,
så hade jag inte levt idag. Finns inga ord
att tacka eller förklara för Anders, hur
han förändrat livet på den person ingen
annan såg, utan såg bara var en som
inte visade sitt rätta jag. Han såg
allvaret i det, hur depressionen tog över,
och hur längre bort den förde mig. Han
fann mig i rätt tid. Ofta satte jag upp en
fasad för att inte erkänna eller visa hur
det ligger till, men Anders såg mig.
Det är svårt att be om hjälp, för vi vet
inte hur. Det som sker är att kroppen*

gömmer undan verkligheten, och sätter
upp olika typer av masker eller fasader
för att det ska låta eller se bra ut. Tänk
vad många människor runt om som inte
mår bra, och som är i behov av hjälp.
Många inser inte sitt eget bästa. De
inser inte allvaret förrän det är för sent.

Depression är så pass farligt att det är
katastroflarm. Stöd är så viktigt! Oavsett
om du lever ensam eller tillsammans
med någon, bör det finnas stöd och
vägledning ut från det svåra. Att klara
det själv är tuffare, men inte omöjligt.
Med mycket stöd från vårdinsatser är det
lättare, samt att det fungerar bättre med
stöd och behandling. Ge inte upp! Sök
hjälp nu! Alla är värda stöd och hjälp.
Självskadebeteendet försvinner nog
aldrig. Skadar inte min kropp längre på
den nivån. Förut skadades hela kroppen,
men nu är det annat. Har det än idag,
och det finns olika sätt att få hjälp om
det känns svårt. Mina sämre tankar för
kroppen är: Håret, vikten samt ansiktet.
Är aldrig nöjd! Vet ej varför! Ändrar
frisyrer, hårfärgen och längden, svalt
kroppen och tvärtom, byter klädstil samt

*sminkar mig på olika sätt. Det finns
olika sätt att försöka låta bli.*

*Använde olika knep för att skada mig.
Fast idag tänker jag på ett annat sätt.
Allt detta är på grund av min barndom.
Sårade en del rejält, vilket jag ångrar
djupt idag. Går tyvärr inte att sudda ut
men är en annan människa idag, och lärt
mig mycket längs vägen. Hade inga
spärrar alls, utan körde på. Det var
alkohol, pengar och även andra sätt som
gick om vartannat och resultat blev kaos
helt enkelt. Utelivet förstörde mig som
människa, mycket därför ångesten kom
och gick. Idag är jag en annan person.
Jag var ung och impulsiv då, och tänkte
inte på allt som hände. Är fortfarande
impulsiv, men på ett mer positivt sätt.
Känner ånger för allt som skett. Går inte
att åtgärda nu, utan det som finns att
göra, är att acceptera att läget är som
det är nu. Behöver göra en förbättring.
Alla gör vi misstag, men inte många som
kan stå för det. Försöker leva ett liv med
inre balans, vilket fungerar allt bättre.
Alla behöver stöd från familjen och
vännerna. Ibland är det svårare, men ett*

måste för att få stöd och ge stöd till varandra. Försök att prata med varandra, vilket lättar en del, och är själva styrkan att gå vidare om det finns någon att prata med. Inte alla som har någon närstående som inser eller förstår, då brukar vården gå in ifall det behövs mer behov.

3

*Kan erkänna att jag gjort bort mig
många gånger. Är inte felfri! Är någon
det? Många har säkert gjort snedsteg i
sitt liv, men många talar inte om det. Det
är mycket ångesten som förändrar en
som person. Vid ångest begränsar varje
person sig för rädslan att försvinna och
eller bli galen. Eller att förlora
förståendet. Ångest är en stark känsla av
oro. Ångest är en intensiv känsla av
obehag i kroppen.*

*Vid varje ångestattack höll jag på att
mista kontrollen. Ångesten begränsade
mig så mycket. Blev rädd för att göra
någonting, för den tog över helt enkelt.
Vågade till slut inte bemöta någon alls,
utan höll mig inomhus. Vågade inte ens
hämta posten. Då utvecklade jag
Generaliserat ångestsyndrom, som gör
att man hela tiden lider av oro och blir
begränsad i sitt liv. Det här tog ner mig
totalt. Alla dessa diagnoser, som fick*

mig att förlora kontrollen i stort sett hela tiden. Den var så skrämmande och tog bort all den energin och glädjen jag hade kvar. Jag var en av de som fick kraftfulla attacker. Rädslan att få ångest var som vardagsmat då den återkom hela tiden. Den slutade aldrig, utan blev mer och mer intensiv för varje dag den fanns där. Så skrämmande, ville bara bort från mig själv.

"Drömde mig bort, där det fanns glädje. Vara glad och lycklig utan ångest. Känslan var obeskrivlig, så lättad och en sådan skön känsla. Det jobbiga trycket över bröstet var borta, inga stickningar i kroppen, ingen utanför-kroppen-upplevelse. Den drömmen var så verklig. Ville stanna kvar i den, ville inte vakna igen utan sova vidare. Den starka känslan kom tillbaka så fort jag vaknade igen."
Dagen började som alla andra, som om rummet försvann. Det kändes som en sorts overklighetsuppfattning. Känslan att kroppen skulle ge vika och bli galen av alla känslor. Så fort jag skulle hämta posten kom nya attacker, olika känslor

*och olika nivåer. det svartnade för
ögonen varje gång. Kunde inte stå eller
gå, det var verkligen otäckt.*

*Vissa förstod inte varför, fick höra:
-vad barnslig du är, ryck upp dig!
För de visste inte varför. De frågade
aldrig varför jag hade den känslan. Inte
ens hur och varför jag kände så, eller
vad som hänt, inget alls. De ville inte
förstå, utan höll sig undan. Isolerade
mig fullständigt för de insåg inte hur
ångesten förstörde mig som person.
Mådde helt enkelt inte bra. Blev rädd för
när attackerna skulle komma Det
resulterade i ännu mera isolering och
självskadebeteende.*

*Vågade inte ge mig ut av rädsla att få
attackerna ute. Ville träffa familjen, men
ångesten blev för stark helt enkelt. Svårt
att förstå kanske, men ständiga tryck
över bröstet, intensiva oroskänslor,
känslan att inte få luft. Nej, då stannade
jag hellre hemma i min ensamhet. För
då kunde den visa sig utan att behöva
förklara, utan att försvara mig. Klarade
inte av att träffa någon. Ångesten styrde*

hela mitt liv. Det kändes som om jag var den enda i världen med ångest. Men nästan halva befolkningen lider av det på olika sätt. En del pratar om det, och visar det offentligt. Andra lider i det tysta, isolerade från omvärlden. För de klarar inte av att möta världen med dessa intensiva känslor. Många lider i dag av panikångest och fler blir det, varför?

Traumatiska händelser som sorg. Det finns behandling och det är en framgång, vilket gör det mer hanterbart. Bra att det finns hjälp och stöd att tillgå. Dock är det många inte som vet det, eller vågar ta kontakten. De är rädda för att bli misstrodda.
Det är tabubelagt! Många tror att det sitter i huvudet, att det är påhitt och en del anser det är av ren lathet. Det är så synd att det blivit så. Det handlar mest om okunskap. Fler borde skaffa information inom området så fler få hjälp och stöd. Framförallt anhöriga, för det är så viktigt. Även på skolor och arbetsplatser. Det borde finnas fler inom området, som kan minska så mycket

lidande. Även på vanlig vårdcentral hade det behövts vårdpersonal för psykisk ohälsa. Det fanns en specialistläkare, som arbetade på en ort jag tidigare bodde på i min kommun. Den förståelse och empati han hade, och respekt som fanns för en annan människa. Den läkaren är nog den bästa jag haft. Fick den responsen som behövdes. Tack vare min dåvarande läkare hamnade jag inte mellan stolarna, utan blev tagen på allvar. Vilket gav mig svaren som behövdes. Det kändes bra att läkaren såg mig bakom diagnosen. Det borde finnas på alla sjukhus och vårdcentraler. Många i personalen inom vården saknar kompetens för psykisk ohälsa. Det finns psykolog och kuratorer, men det är för lite hjälpinsatser, det behöver göras mer. Det finns mest inom psykiatrin, men borde ändå finnas via vårdcentraler då det för det mesta är fullbokat på psykiatrimottagningen.

4

Psykisk ohälsa är inget vi går runt och pratar om i salarna direkt. Det är ett känsligt område, vilket därför resulterar i okunskap och oförståelse för vad det är. Många förstår inte, andra ser inte eller vet inte. Därför ger jag ut denna bok. Så folk kan läsa min historia. Det som skrivs känns säkert igen från någon i er närhet. Alla upplever olika. Den är lika skrämmande men på olika sätt, och många upplever den som plågande. Det går att slå sig fri, är ett heltidsarbete och det tar tid. Känslan av panikångest är obeskrivlig, och kan mätas på olika nivåer och även traumatiska händelser på olika nivåer. Många förstår inte den. Många pratar inte om det. En del stänger i stället in sig och får då ingen hjälp. Det är så viktigt att ha både livsglädje och känna att det finns hjälp, stödgrupper och psykiatrin. Psykisk ohälsa handlar om ett så stort område.

När orden psykisk ohälsa läses, så finns det många diagnoser bakom. Har haft olika diagnoser som panikångest, depression, paniksyndrom och utvecklade senare GAD samt en del annat i samband med att jag fick dessa diagnoser. Det ledde till mitt självskadebeteende som följdes åt genom livet på olika sätt.

Psykiatrin finns alltid med som stöd vid behov. Märkte när det var som svårast. Hade bara terapisamtal i början. Fick medicin efter ett bra tag, men vad hände sen då? Vem fanns efteråt när ensamheten omringade en, under de timmarna, minuterna och sekunderna då skräcken kom. Ingen resurs för det. Tänk om den kommer när jag står i kön? Dessa tankar kunde dyka upp, och vad händer då? Min make fanns där, men ändå fanns skräcken där under ytan hela tiden. Den där förväntasångesten. Byggde upp en rädsla, därav min isolering. Tack vare min man kunde jag få rätt hjälp i tid. Men nu till den stora anledningen till att det blev bättre. Vägledningen var enkel tyckte dem, men jag förstod det inte då. Utsätta dig för platser och saker som gör dig nervös, eller som är tuffa och jobbiga att genomföra. Helst i samråd med någon. Det är jättetufft men det går. Alla blir inte bra direkt, utan det kan ta tid för en del. För vissa räcker det med terapi kombinerat med medicin några veckor. Det är individuellt utifrån varje person. Påskynda inte, stressa inte, ta det i den takten som passar bäst. Det handlar om dig, ingen annan. Du måste se till ditt egna först. Bli bra för din skull. Detta behöver göras i små kliv. Inte för stora, då slår det bakut direkt, och du får börja om. Gå sakta framåt. Små steg en stund varje dag. Det är aldrig lätt att bli fri. Vissa kämpar ännu. Andra blir bra på en hanterbar nivå, och några har bara lite kvar. Det är så individuellt. Alla upplever olika för varje gång. Mest hanterbart är behandling av KBT och medicinering. Oftast för att den ska bli behandlingsbar ska dosen sänkas på medicinen för att den ska bli hanterbar

*efter hand. Vilket var galet för mig innan
jag insåg hur bra det gick. Detta är
resan, alla stegen, allt jag gått igenom.
Med dessa steg såg jag ljusare på
tillvaron, och glädjen dök upp i nästan
varje hörn. Kändes skönt att slippa det
mörka. Var på väg emot friheten. För
varje steg jag tog kom jag närmare,
vilket kändes jättebra. Varje möte fick
mig att tänka annorlunda, känna på ett
annat sätt och hantera den bättre.
– du är på väg att bli bättre nu, så det är
dags att ta nästa steg i trappan.
- hur gör jag nu? Frågade jag.
- utsätt dig för mer tuffa känslor. Ge dig
ut till olika platser och känn efter hur
pass stark den är där. försök stanna kvar
i den bara så länge du kan.*

*Stod kvar och bara stirrade på Kuratorn.
Såg hennes cendréfärgade hår ligga
mjukt på axlarna och hennes
specialjeans hon bar som hade olika
sorts märken påsydda. Leendet spred sig
i hennes ansikte som inte hade ett enda
spår av ålderstecken. Jag log tillbaka.
Tackade för hennes tid och bestämde
mig för att göra som Kuratorn sa. Ingen*

lätt match men det gick. Allt blev så mycket enklare än jag trodde, både känslan och att hantera den. Vilket fick mig att växa oerhört mycket. Grät av lycka när det blev mindre och mindre attacker.

Det som är viktigt att veta är att det tog tid innan jag ens vågade ge mig ut eller ens komma till öppenvården på möte, och det var en gång i veckan hos Kuratorn. Att jag sedan skulle trappa ner på dosen tog mycket längre tid än jag trodde. För du ska vänja kroppen att ta emot känslan, inte ta bort det, vilket nog var den mäktigaste känsla jag varit med om. Medicinerna dämpar ångestkänslorna, så du kan hantera dem. Idag lever jag utan mediciner!

Om det gick att förstå vad ångesten ville, så skulle jag prata med den, men det går inte. Därför får jag gå andra vägar. Panikångest får du om du varit med om någon jobbig händelse som inträffat, eller traumatiskt, som ett sorgearbete, krig, misshandel eller annat våld. Det är en stark intensiv känsla av oro och

rädsla, och den kan komma plötsligt,
eller när du gör något jobbigt.

Ångest blir du aldrig av med, men
däremot kan du lära dig hantera den. På
ett annat plan, och dessutom få tillbaka
det du en gång hade. Någonstans långt
där borta finns den. Du kan återfå den,
med massor av hjälp från vårdens
insatser. Detta är lite av vad jag upplevt
och känt/känner:

Det mörka och det svarta som tog ner
mig
Greppet den har om mig, ångesten
Den där panikkänslan
Att bli isolerad
Självskadan som förstör
Återkommande panikattacker
De sömnlösa nätterna
Kroppens ofrivilliga rörelser
Livsglädjen som tonas ner
Den sociala ångesten
Ensamheten
Depressionen

Detta är bara en liten del av vad som
upplevs när ångesten sätter in. Det finns

hjälp att få på öppenvården inom psykiatrin där de utreder och lägger upp en plan för hur de ska gå vidare för bästa resultat. Det är individuellt. En del kan behöva en mer omfattande insats medan andra inte behöver så stor.

5

Ett exempel på hur ett terapisamtal kan gå till.
Det första steget var att få tid, och att få träffa en kurator. Då gick Kuratorn igenom olika frågeställningar, och lade upp en plan för hur alla stegen skulle tas samt information om vad det fanns för hjälp att få. Det beror helt på vad för nivå och hur svåra attackerna är.
Besöken varade ca 10 gånger. Ökar efter behovet.
Varje vecka var mötet. Det skapades rutiner som var bra att gå efter. Jag hade inte haft den tanken förut. För varje möte fanns den vita tavlan med frågorna mitt på golvet i rummet. Allt var stilrent, inte ett enda fel någonstans. Gardinerna var rynkade till golvet i någon grön färg. Inte någon favorit men det var fint ändå. Ångesten var extra stark den dagen. Jag märkte hur golvets prickar stirrade på mig, en konstig känsla jag inte tidigare upplevt. Jag

störde mig på att vasen stod vid kanten på bordet, och hur rynkig den rutiga duken var. Även på det beigebruna bordet låg smulor, vilket gjorde mig helt galen. Jag kände inuti att jag ville ändra det, så jag gick fram och borstade bort smulorna som låg på bordet, kastade dem i papperskorgen och borstade av händerna. Gick sen till handfatet och tvättade mina händer noggrant, torkade dem med en torr pappershandduk som jag lade i papperskorgen, och gick sen fram till bordet. Jag lade duken tillrätta, och ställde vasen i mitten på bordet. Såg mig omkring och satte mig tillbaka i den gröna fåtöljen som jag gungade lite lätt i. Såg i ögonvrån att markisen var nedhissad till hälften, men brydde mig inte direkt för det kändes bra för ögonen. Kuratorn vände sig emot mig och frågade lite lättsamt.

-Varför kände du att du behöver rätta till allt det du gjorde?
-Jag kände att det störde mig, och var tvungen att ändra på det.
-Ok, hur känns det nu efteråt?

-Det kändes bättre och lugnare på något sätt. Jag har aldrig stört mig på sådant tidigare.
-Är det ofta du känner du måste rätta till saker?
-Ja, till och från.
-Ok, jag ska ta upp det med teamet. Kan vara något jag funderat på. Vi får se till nästa möte.
"Det var nästan väntat att jag skulle få ännu en diagnos. Det var inte kristallklart ännu, men lutade åt det hållet som vanligt tänkte jag."

På öppenvården fanns en del olika frågor som min Kurator ville ha svar på varje gång. Hur mår du idag? Hur känns det idag? Hur ofta kommer attackerna? Hur stark är den? Hur känns det i skalan ett till tio? Vad händer i kroppen? Hur stark är din ångest idag och när hade du den senast? Ytterligare frågor kom upp efter hand.

Jag skulle specificera hur jag upplevde, hur medveten jag är när den kommer, förståelsen för varför den uppkommit och finns acceptansen där. Olika frågor *varje gång. Det som är bra att ha med sig, är att det är på olika plan. Det är individuellt.*

Det första du startar med när du fått tid, är samtalsterapi, och medicinen. Därefter trappar du ner när du är redo i samråd med din läkare, och testar utan när det känns bra. En lång väg att gå. Detta är bara uppstarten. Genomgång av flera behandlingar, och olika frågor. Hur upplevs den nu? Samtalsterapin en stund efter hand. Vilket var bra? Alla behöver samtal. Rätten att få känna, få veta att det är ok att vara rädd. När ångesten kommer är det personal där. Sluta aldrig be om hjälp. Hur finner du hjälpen? Hur kan sjukvården hjälpa dig på bästa sätt? Vad kan du söka för hjälp och vad kan vården erbjuda för typ av behandling för just dig? KBT / kognitiv beteendeterapi. Psykoterapi en sorts terapi som utreder samspelet mellan individen och omgivningen, att hitta sig själv igen, och finna tryggheten. Att tänka och känna och arbeta med sig själv. Det hjälpte mig att finna ordet varför och hur. Varför må såhär och hur de kan hjälpa till. Det tog tid innan tilliten infann sig för kuratorn. Vilket var ganska normalt. Det var nya intryck, nytt ställe, lära mig hantera ångesten på andra plan, undvika stress och oro så mycket som möjligt. För att gå hela vägen behövs behovstrappan. Abraham Barlows behovstrappa, som är viktig för att vi ska fungera som människa.

Den behövdes i varje möte, och den hjälpte mig att fokusera på det som var viktigt. Den använder vi alla människor dagligen fast vi inte läser den.

Nr 1: Det fysiologiska består av basbehov såsom mat, vatten och syre. På första nivån finns också behovet av att undvika smärta, behovet att sova, röra på sig och ha sex, vilket är en viktig bit för att fungera som människa.

Nr 2: Vi har ett behov av en stabil vardag. Rutiner och enklare regler för att inte känna ångest och rädsla, att något hemskt skulle hända.

Nr 3: Vi alla vill känna gemenskap med andra människor, vänner, barn och kärlek. Vi vill alla känna att vi är en del av något större än oss själva för att fungera.

Nr 4: Vår självkänsla. Vi alla behöver uppskattning. Enklare behov av uppskattning kan handla om makt, kändisskap eller respekt från andra medan mer komplicerade behov är självförtroende, kompetens och självrespekt. Vi behöver växa i vår roll, att få höra att du är bra eller du behövs för att fungera normalt.

Nr 5: Självförverkligande. Att vara den mest kompletta versionen av dig som du kan vara, att utnyttja alla dina resurser och potentialer. Kreativitet, moral, spontanitet. Har du med behovstrappan lär du känna inte bara dig själv utan hittar andra nya vägar som du aldrig tänkt på tidigare, ingen som tänker på sina behov i den kampen. Psykisk ohälsa är en svår bit i livet, som ingen vill vara med om. Som ni märker är behovstrappan något vi alla behöver ha för att fungera som människor.

När diagnosen är satt är det inte bara viktigt med behandling, utan även socialt. Det som behövs är en vän som är med på resan från början till slut. Som kan stötta upp och ge tips och råd, en stöttepelare, en vän som kan vara nära och ge stöd och råd vid exempelvis en attack, eller att följa med vid ett möte för att förstå mer.

Det som behövs är ett nytt intresse. Exempelvis konst, yoga eller att komma ut en liten stund. Att känna vinden emot ansiktet, höra skratten och rösterna. Sitta en stund på parkbänken och känna känslan av lugnet och vinden emot ansiktet, fåglarnas kvitter, barnen som skrattar när de leker tafatt. Känna känslan av glädjen i hela kroppen, hur leendet växer fram när du ser barnen springa och leka tafatt runt träden, eller vinden som blåser bort löven. Vad för känsla får du då?

Börja socialisera och hitta på saker som passar behovet. Att isolera sig gör saken värre. Känslorna, katastroftankarna ökar markant om valet är att isolera sig. Det är inte lätt, så försök bemästra den. Experter visar att när du utsätter dig för saker som stress och ångest, så kan en kopp kaffe sänka nivån.

Målet kommer närmare för vare dag. Att välja frihet är bättre, men vägen dit är lång. Vilja att göra det, se målet framför, känna efter, visualisera hur det skulle kännas att vara ångestfri bara för en stund. Kanske komma bort i tankarna en stund kan kännas bra, om det bara är för en stund. Tiden står stilla, känslan längs ryggraden att något hemskt ska hända. Det som finns att jobba med är inre tankar, känslor och hur allt byggs upp igen.

Det första som måste göras är att se, tänka utifrån panikångesten. Den är där, men är inte farlig. Den är begränsande. Du är inte din diagnos. Diagnosen är inte din personlighet. Valet ligger klart

*för oss. Våga känna, våga tänka tanken
att vara utan den. Skriva om den kanske
så det lättare går att bearbeta och
övervinna den. Skriv ner hur ångesten
känns innan den tar över helt,
upplevelsen, hur stark den är och hur
den påverkar dig.
Se ångesten framför dig, hur den
arbetar, vad den åstadkommer och vad
du kan göra för att få den att försvinna.
Bara för en stund.*

*Dagdröm, känn hur den försvinner och
känslan av trycket i bröstet bara lättar.
Det känns inte längre i magen och
gropen är borta. Upplev att lugnet
infinner sig. En skön känsla som är helt
perfekt.
Om det går, försök stanna kvar i
känslan. Beskriv den för någon som är
där. För er som inte upplevt ännu, så tar
det olika tid för att läka inifrån och ut.
Först behöver man bli medveten om att
den finns där. Bli medveten om ångesten
inuti. Hur kraftfull den är. Varför den är
där och vad finns att göra åt den.
Få förståelse vad den vill och vad den
gör i varje ögonblick den ställer till det.*

Först då kan alla acceptansen att den är där, och vilken väg som finns att ta.

Behovstrappan är en liten del av allt. Sömnen är också en viktig del för läkningen. Rikligt med sömn varje natt är en viktig del att ha med. Det är inte alla som sover en hel natt. Vi alla behöver minst 8 timmars sömn per natt. Vissa läkare ordinerar medicin, men ofta blir det effekter efter det. En del får biverkningar. En rekommendation är avslappning, meditation eller medveten närvaro för bäst resultat.

Medveten närvaro, att vara i nuet. Meditation är ett kraftfullt sätt att träna sitt sinne. Finns många tillvägagångsätt. Personligen hanterar jag det bäst med medveten närvaro. Vissa vill testa meditation eller bara stressa ner helt enkelt, och länge det känns bra så är det bara att fortsätta. Det finns även avslappningsövningar som finns att köpa på nätet. Det finns många alternativ att välja mellan.

6

Det första steget är att bli medveten om din panikångest. Vad den vill och vad som finns att göra, och att den finns. Försök finna fokus på annat. Bli medveten om hur den styr kroppen. Hur stark den är. Hur den arbetar och sen bryta mönstret. Sätt en gräns, tillåt att vara i ett vakuum oavsett om den är skrämmande eller inte.
Planera utifrån behoven och tacka nej och fokusera på inre balansen.

Försök att bli medveten om hur det känns att bara stå där ute. Hur vinden tar med dig i sina armar och sveper med dig, hur snäll den är mot din hud, hur känslan är under dina fötter och känn det hårda under dina fötter. Ditt fokus läggs på att vara i detta nu istället för att vara i ångesten.
Behovet av att se, få uppleva, se verkligheten utifrån sig själv, lära känna just din verklighet och din känsla är i

första rum. Blunda ofta när tillfälle ges. Först då kan du få ett fokus. Det du kan testa är medveten närvaro. Det handlar om hur du finner ditt fokus i nuet. Metoden används inom sjukvård och privat för att minska stress, ångest, och nedstämdhet, vilket ger goda resultat. För er som inte vet hur. Det är bra att kunna släppa taget om negativa tankar. Ett par exempel som ingår i medveten närvaro. Vara närvarande i stunden. Rikta uppmärksamhet, till exempel på andningen, på känslorna eller kroppen. Accepterar tankar och känslor utan att värdera och döma den. Blunda och andas in genom näsan, och ut genom munnen några gånger.

Fokusera på exempel, diska. Hur vattnet känns emot huden. Bubblorna mellan fingrarna, värmen emot huden. Hur känns tallriken mot handen? Hur känns det inuti kroppen? Blunda, att vara medveten är ett jättebra verktyg att ta fram vid en attack. Detta har hjälpt mig oerhört mycket. Djupandas, medveten närvaro, gav både kunskap och erfarenhet.

Kunskapen får du genom lektionerna när attacken dyker upp. Ta lärdom av känslan och styr bort den. På så vis lär ni er hur ni bemästrar, och hanterar den samtidigt. Det som är en viktig del är att testa och finna din egna medvetna närvaro i samband med en ångestattack. Det är ett stort steg mot målet, och samtidigt inte vara medveten om den. Utan var i nuet i din närvaro. Då har du nått målet. Tänk vilken lycka att få vara i den lyckan, utan att det är jobbigt. Veta innerst inne att du klarade av det, klarade kampen om den. Upplev lugnet! Ta ljudet inåt istället.

Återhämtning varje dag är en viktig del. Vila under dagen en stund. Stress är negativt när psykisk ohälsa hejdar oss. Positivt tänkande i samband med känslan. En del säger, andas i fyrkant. Vilket är jättebra, för det hjälper upp det hela. Tänk dig en ram. Se den framför dig och tänk på något bra. En längtan, dröm eller känsla. Förverkliga den i fyrkanten, ta olika färger, rörelser, dofter och sätt sedan in dessa i ramen. Se det framför dig och gå till sist själv in

*i ramen. Upplev hur det känns att vara
inuti din dröm. Allt är bra, utan smärta,
utan känsla. stanna kvar ett tag.
Gick kursen medveten närvaro, och den
är en stor rekommendation.
Upplev känslan här och nu. Skjut inte
undan känslan, utan ta emot den, andas
lugnt och stilla. Försök stressa ner minst
5 minuter varje dag. Andas in djupt och
andas ut i fyra sekunder. Djupandas är
ett bra fokus att läka inifrån, att finna
lugnet långt inne och sedan att behålla
det.*

*Tacka nej till evenemang som kan bli för
mycket för kroppen. Slå av på takten och
sätt dig själv först. Tillåt att ha sämre
dagar, och njuta av att ha tid för sig
själv medan familjen är iväg. Mycket bra
sätt för läkningen, är att känna efter och
sätta gränser utifrån olika behov.*

*Det som är viktigt här och nu. Ta fram
och behåll det här och nu.
Skjut aldrig fram saker, utan ta itu med
det direkt*

*Kan stolt säga att jag kan hantera
panikångesten på en ännu bättre nivå.
Det kan ta olika tid. Allt beror på valen
som du gör. Hur stort fokus det finns.
Kom nu ihåg. Det tar olika tid för alla,
ingen är den andra lik. Tålamod är en
viktig del i resan mot målet. En del
behöver extra stöd och hjälp. Vi är alla
olika. En del behöver mer tid än andra,
vilket är bra. Det är individuellt.*

*Snart kan den hanteras på ett annat plan
En väg ut ur kubens olika rum.
En oändlighet som är helt nattsvart. Helt
plötsligt ljusnar det upp och blir rätt
igen. Friheten att vilja, våga ta steget ut
i livet. Återfå glädjen, hoppet och
styrkan att våga finna vägen ut att leva
igen. Då har du nått målet.*

7

*Det andra steget, är att du har
förståelsen från alla sociala nätverk du
har runtom dig. Från så många som
möjligt. Familjen, släkt och vänner, som
följer med och stöttar upp i vården,
behandling och vägen tillbaka igen.
Deras upplyftande ord och behandling
behövs för att bli bra igen på en
hanterbar nivå. Vi har alla behov av
stödet från olika nätverk. Alla behöver
det för att fortsätta sin läkning.
Förståelsen vad det är som sker. Varför
och vad som behöver göras. I min egna
kamp om läkningen fanns en liten
omkrets som stod mig nära. Min make,
vårdens insatser, vänner, någon från
familjen, som verkligen fanns där.
Försök få med ett socialt nätverk i
tillfrisknandet. Alla behöver få hjälp och
stöd. Tog steget att dela det för andra.
Fast det var det jobbigaste jag någonsin
gjort. Vågade äntligen gå ut med det via
sociala medier, men tog det lite försiktigt*

i början. Det blev totalt kaos. Ingen förstod, ingen ville förstå och en del tyckte det var en massa tjat och gnäll så jag gav upp. Blev jätteledsen, och kände inget stöd alls från någon. De tyckte det var "en massa ältande". Detta var internet. Hade min fantastiska man och mina barn. Alla behöver vänner som bor nära, men det har inte jag. Självklart respekterade jag det, och slutade att dela måendet. Resultatet blev inte så bra, ni kan tänka er vad som hände!

Förståelsen är såpass viktig i läkningen för att få en bra balans i kroppen, och må bättre av det. Varje möte med kuratorn blev lättare för varje gång. Det var svårt i början, att ge sig dit och prata ut. Efterhand skapades mer kunskap om varför psykisk ohälsa är så kraftfullt, vad är det som gör den så stark, vad som finns att göra samt olika behandlingsmetoder. Många får inte den hjälpen. Delar därför de erfarenheter och kunskapen som byggdes upp. Även hur kroppen blev fri från klorna runt hjärtat, vilket kändes fantastiskt. Läkningen hjälpte via dessa steg. Tänk på att det kan upplevas olika för alla. Tro på att du kan ta dig dit. När det är dags för KBT, är det bra om någon närstående kan följa med. Alla som följer med får ta del och få inblick i din kamp. De blir mer delaktiga samt kan ställa sina frågor. De vågar då även ställa krav och vågar synas. De lär sig även förstå skillnaden av känslan och rädslan i samband med attackerna. Vad det finns för metoder, och vad din närstående kan hjälpa till med. Oftast tar mötet 45 minuter. Då är det skönt att ha med sig någon kanske. Finns det inte att tillgå så går det ändå bra.

Det kan vara nervöst i början. Det som är viktigt att veta, är att teamet är där för att hjälpa och vägleda, allt annat är oviktigt. Träffade Kuratorn alldeles själv. Hade inte valet att få med någon hela tiden. Bara någon enstaka gång. Därutöver var att klara det till varje pris.
Valet var klart för mig. Visste att det inte fanns en annan utväg än att kämpa varje dag för att bli av med ångesten. Många närstående förstår inte varför det

*uppkommit. Det kan vara svårt att förstå
i början. De står där hjälplösa jämte
utan att veta hur de ska göra. Därför är
det bra att delta på olika möten. Få med
kunskapen och erfarenheten. Annars kan
dem där hjälpa till med stöd av
kontaktperson exempelvis. Det finns
olika möjligheter om det är för tufft att
gå igenom själv. Det finns stöd och
hjälpinsatser i vården. Om det behövs
fler samtalstimmar och det finns en fast
kontaktperson, då drar de i trådarna.
Våga tro på att det går! Våga trotsa
ångesten! Våga tro att den går att
besegra! Tro på dig själv! Hoppas på att
den kan hanteras. Tiden som läggs på att
tro, är en viktig del i resan, att vägleda
rätt och följa med hela vägen.*

*Du måste nämna känslan innan du kan
ta resan att bli bättre och blir fri.
Ta varje steg i din takt.
stanna upp och känn efter.*

*Prata om det med många runtomkring,
stöd och hjälp ifrån närstående.*

Sätt upp gränser för din skull.

Finna självkontroll genom medveten närvaro.
Medveten att det händer.
Förståelsen för det som sker och att acceptera det.
Först då kan du finna vägen tillbaka.
Det är ingen omöjlighet, med mycket stöd och hjälp från olika insatser så finns det en väg tillbaka.

8

Det tredje steget är vägledning. Hur går en person vidare. Vad händer nu? Dags att bege sig ut i världen igen. Då behövs vägledning att ta sig vidare. Vården hjälper oftast till med stödgrupper, där flera med liknande diagnos träffas och samtalar om tankarna som kommer efteråt, som kan vara bra. Där delar alla sina erfarenheter och jobbiga stunder, vilket kan vara skönt ibland. I slutändan byggs det upp en gemenskap och relation. Det är lättare att komma tillbaka, när det finns gemensamma vänner med liknande svårigheter som psykisk ohälsa, som är så vanligt. Därför får du hjälp via vårdinsatser vid behov. Vem tar hand om allt sen om det kommer nya attacker? Frågorna är många vid slutfasen, det är alltid känsligt i början, men det finns olika möjligheter. Olika tankar kan komma.

*Behandlingen är avslutad, ändå finns
ångesten kvar.*

*Ångesten är alltid kvar, fast mer
hanterbart, så individuellt.*

*Paniken brukar oftast uppkomma när
behandlingen är avslutad.
Vid återfall blir en del bättre. Dock inte
alla. Då finns det vid behov träffar och
samtal.*

*Steget ut tillbaka till livet är på gång,
vad händer om det sker igen. Vad
händer då? Är det lika stark känsla som
tidigare? Är den hanterbar? Hur ofta
kommer attackerna? Hur känns dem?
Frågorna blir många. Hur kommer det
se ut framöver med eventuella samtal,
mediciniska åtgärder eller
samtalscoach?
Flera ställen att utsättas för. Anpassa
kroppen till en miljö det känns tryggt att
vara i, en del kan behöva flera möten.
Det kan ta tid beroende på hur stark
attacken är, och hur ofta den är
återkommande. Vården finns till för att*

hjälpa. Kroppen kanske är mer redo än vad hjärnan säger. Våga ta steget ut i världen igen, i den takt som känns bra. Kom ihåg att alla behöver olika tid att läka. En del behöver extra stöd och hjälp.

Psykisk ohälsa förvinner inte bara sådär, utan den följer en livet ut, men på en mer hanterbart plan. Den kanske är mer hanterbar än tidigare, och kanske t.o.m. går att kontrollera. Alla är på väg någonstans i världen. Nya vägar ger möjligheter. Våga ta steget, att släppa in någon ny inpå livet eller kanske starta något nytt.

Med hjälp av dessa steg går det att få in ett annat tankesätt. Ingen stress eller press, utan i lugn takt som passar dig. Lever med panikångest än idag. Inte så starkt. Den är mer hanterbar. Livet har varit tufft och kämpigt, men jag hittade vägen ut. Det har tagit tid, men det var värt varje sekund av det.

För att kunna få vägledning från närstående, behöver denne få vägledning själv genom stödsamtal, samt följa med vid möten och ställa frågor för att förstå.

Genom att bara lyssna och finnas där hos den som har panikångest kan göra stor skillnad. Att hålla om personen en stund, fråga om tillåtelse först. Tala lugnande, försöka finnas med genom hela attacken, och genom att ge stöd med ord visa att du finns där.

Andas lugnt tillsammans, vägled genom andningen.
Räkna tillsammans i lugn takt.
Fråga inte så mycket, utan lyssna på personens andning, och vägled genom attacken.
Påminn gärna om att andas i fyrkant.
Testa även tänka in i ramen.
Behåll lugnet hela vägen.

Genom kunskap får du erfarenheten. På så vis vägleder du den drabbade till bättre mående. Därför är det bra att vara med från början både i vårdarbetet, KBT och behandlingen även i vardagen hemma. Då blir det bra för alla parter i slutändan. Alla blir trygga och lugna. Till slut släpper det. Ibland är det tufft att stå jämte. Det bästa sättet är att tala lugnande, och ta er igenom den tillsammans oavsett du är nära eller på väg dit. Samtal i telefon är också ett verktyg vid svår ångest. Det är vi som bestämmer över våra kroppar. Nu tar vi över kan många tänka. Hur ska jag orka? Hur ska jag finna styrkan att hantera den? Hur går jag vidare? Vi människor är starkare än vi tror. Jag hade alla dessa tankar i början, men fann min väg.

9

Det fjärde steget, är att acceptera ångesten. Att den finns där, och att det går att arbeta med den till en bra nivå. Panikångest finns där hela tiden. Det går att minska på nivån samt hantera på ett annat plan. Självläkning är en viktig del alla ska kunna ta sig igenom. Det tar bara olika tid att acceptera diagnosen. Vilka verktyg används genom den? Går det att få den hanterbar? kan den förändras? Behovet att finna styrkan som finns inom oss. Innan ångesten tog över, fanns styrkan, självsäkerheten och tryggheten. Jag var en helt annan person före attackerna. Nu finns acceptansen för den. Det har inte varit lätt. Det tar sin tid, behöver ta tid. För kroppen genomgår något tufft. Det svåraste steget är att kunna finna sig själv, och kunna acceptera det faktum att det är panikångest, och att den inte är farlig. Det begränsar din vardag totalt. Ditt sociala nätverk, umgänge med alla utanför familjen och frestar på relationen med vänner och bekanta.

Fick respons via sjukvården, min man Anders, vännerna via sociala medier. Då kom förståelsen och till slut accepterades diagnoserna. Inte av alla, men för mig var det tillräckligt att följa vägen till ett bättre mående. Jag fann glädjen, och vågade ta steget ut ur det mörka med hjälp från vården. Tog emot hjälp och behandlingar, och fick tron att det fanns ett slut på det. Vågade äntligen tro att varenda fiber i kroppen skulle bli som förut. Blev den det? Blir det som förut? Vet inte! Det känns konstigt att inte ha den ständiga oron längre. Kunde inte fatta att den lät kroppen vara, inga oroskänslor, utan mindre. Vilken känsla! Obeskrivlig! Helt plötsligt kom lättnad och ett lugn på ett annat plan. Livet blev så mycket mer av det som fanns. Att kunna andas, känna glädje och lycka igen. Varje dag som gick blev allt lättare. Det tunga var inte längre så kraftfullt. Det mörka började sakta ljusna, äntligen! Den minskade radikalt.

*Ångesten förlorade sin kraft. Det som är
kvar är hanterbart. Inte lika svårt. Det
dyker upp dagar du tar tag med sådan
kraftfull styrka. Som gör en helt
energilös och gnistan försvinner. Jag
vann över den. Innerst inne är det redan
klart hur den ska hanteras. Den har
ingen makt längre, känslan är
obeskrivlig. Känna lyckan över att vara
fri från det mörka, att istället se hur det
ljusnar runt om dig.*

*Jag har kommit så långt i livet. Ser
tillbaka på hur kämpigt det var, men nu
är jag äntligen fri. Det är nu livet börjar,
Det är nu alla vägar öppnas, även nya.
Är utom mig av förväntan, vad som
kommer att ske och vad framtiden för
med sig. Allt är möjligt, allt finns där.
Bara ta några steg till så är du i mål.
Det första som händer, är hur pass bra
alla sinnena fungerar. Nu fungerar dem
bättre. Jag kan uppleva på ett annat
plan, njuta av maten, hur lyckan sprider
sig inuti kroppen. Det är som om en ny
värld öppnat sig för mig. Livet fyllde mitt
inre, monstret hade släppt sitt grepp och
jag var äntligen fri från greppet.*

Ångesten kommer emellanåt men inte så kraftfullt som tidigare. Känslan över att jag åter funnit livet. Lättnaden återkom, och det ljusa runtomkring har aldrig varit så ljust, så vackert. Plötsligt kan jag sätta foten utanför dörren, känna vinden emot mitt ansikte, skratta hoppa av glädje, gå långpromenader och gå runt i affärer utan att känna något. Det finns där någonstans, men jag vann över dig. Tog dig på bar gärning, din dumma jävla ångest, som jag hatade så mycket. Du finns där, men jag klarade av dig. Nu kan jag hantera den, och är så stolt över mig själv. Nu lever jag det livet jag länge velat. Nu är jag äntligen fri! Har dock fortfarande kvällsångest kvar. För dig som inte vet vad det är, så har jag alltid haft svårt att somna på kvällarna sedan den dagen. Tiden med min Panikångest när den var som värst, har satt sina spår. I dag är det svårt att slappna av och somna. Jag brukar använda ramen som är mitt verktyg, och den är verkligen effektiv när jag per automatik kan ta fram den, för att sen komma till ro. En stor rekommendation om du har svårt att slappna av.

10

*Det femte och sista steget är själva
läkningen efter att kroppen fått ro. Vilket
är steget i att hantera den på en annan
nivå. Finna egna vägar att gå, och våga
ta steget ut i världen. Slippa känna
rädsla, det som är kvar är ett lugn. Du
kan fortfarande vara på en tuff nivå, men
det är bara att återgå till samtal igen.
Gå gärna igenom stegen igen.*

*Du kanske är utan medicin. Åtminstone
hanterbart på din nivå. Kanske utan
terapi, eller eventuellt samtal.
Är idag utskriven från psykiatrin, och
friskförklarad. Vilket känns helt
fantastiskt. Menas med att jag har
diagnoserna fast på en hanterbar nivå.
Detta var resan till ett bättre mående.
När jag ser tillbaka forsar tårarna för
varje dag tankarna dyker upp. Vilken
kamp det varit. Se tillbaka är en viktig
del i läkningsprocessen. För att kunna
släppa allt behöver alla bli medvetna om
sin ångest, vad den vill och vad du själv*

*kan göra. Förståelsen att den är där, att
den finns, och vad som finns att göra.
Kraften den har, och vad som krävs för
att minska den. Ta emot hjälpen, fråga
massor, och ta reda på allt om din
Panikångest. Finna vägledningen via
vårdens insatser. Att närstående får
vägledning från vården, hur de sedan
går tillväga*

*Acceptera att den finns där.
Acceptera att den tar ner dig, men att
den inte är skadlig för kroppen.*

*Först då kan läkningsprocessen börja.
Tillåta kroppen att känna styrkan av den.
Stanna kvar i, och lär dig av den.
Avstyra ångesten till en hanterbar nivå.
Sluta inte med behandlingen om du
behöver den.
Lyssna på dig själv.
Bara du kan avgöra om du kan vara
utan KBT och medicin. Har du
kontinuerligt hanterbar ångest, då är du
på väg till målet. Det viktigaste är att du
känner tryggheten i det, att släppa taget
om behovet av det. Gå på samtalen med
KBT. Få kunskap och erfarenhet så ofta*

det finns tillfälle. Det är kroppen som talar om när det är bra. Lyssna på magkänslan! Lär känna ditt inre på ett annat plan. Har du verktygen för den, så lär du dig hur ångesten ska hanteras. Om attackerna skulle återkomma, vilket kan ske. Lyssna då gärna på medveten närvaro. Finn balansen mellan vakenhet och sömn. Finn fokus i kroppen och stressa ner. Panikångest dock går inte att häva helt, inte enligt mig i alla fall. Det gäller att uthärda den när det händer.

En viktig del är att prata med familjen, vänner och bekanta om hur det känns för att de ska förstå. Gör gärna avslappningsövningar. Det är bästa kombinationen för detta, så länge det känns ok.

Det finns även böcker att läsa eller ljudband. Via mobilen finns en del du kan ladda ner, samt att få stöd ifrån. Ta kontakt med vänner och familj. Uteslut ingen. Försök prata om det svåra. Övervinn rädslan med KBT, som är ett bra verktyg att ta fram även hemma att

*öva på hemma tillsammans med någon
närstående.
Gör olika uppgifter utifrån dina
upplevelser.*

*Tänk på vad som orsakar ångesten.
På sikt häver du den genom att utsätta
dig för olika jobbiga platser*

*Gå ut på promenad till en sjö.
Porlandet från vågorna kan lugna.
Fågelkvittret kan även lugna för er som
lyssnar på det.
Tänk på att alla sätt är bra.
Sök ditt ankare i det svåra. Vem är ditt
ankare? Vem tänker du på när du är
ledsen eller känner dig ensam? Någon
du tycker bra om kanske. Ta fram den
personen i ditt tankesätt när det är tufft,
så ser du till slut att det går att hantera.*

*För mig är resan slut, men den har varit
intensiv. Kroppen fick utstå oro och hot
från en annan värld. Även nedbrutenhet
av sorg. Det tar tid att övervinna rädslan
för att bli nöjd över utseendet till
exempel. Eller våga träffa människor
igen. Att finna sitt rätta jag. Vem är jag?*

Vem bestämmer det? Känns detta ok?
Det viktigaste är att trivas med sig själv.
Det är även viktigt att aldrig ge upp.
Försöka ta ett steg varje dag, ett litet
steg framåt, och till slut är du i mål.

Ta ett litet steg varje dag.
Ge aldrig upp.
Djupandas varje dag.
Ta paus 5 minuter varje dag.
Se dig själv framför dig.
Fokus på dig själv.
Du är en vinnare.
Medveten närvaro, att vara i nuet.
Andas i fyrkant.

Sluta aldrig tro på att du ska bli bättre.
Det du behöver är att tro på dig själv. Så
länge det finns klarar du allt. Skriv ner
om ångesten, spela in och prata om den.
Det ska kännas bra, och sluta aldrig
kämpa. En dag kommer du dit målet som
alla vill nå. Känna glädjen igen, hoppet,
tron och även livet att våga leva utan att
känna rädsla.

Ge tid till att känna efter. Gå igenom
varje del, även ditt inre. Må väl och

sluta aldrig tro på dig själv. Dessa ord är så viktiga att få höra. Du är någon! Jag ser dig! Jag hör dig! Jag tror på dig!

När attackerna var som mest intensiva gick jag ner till kanalen som rinner genom orten jag bodde. Där fanns en bänk precis utanför vårt hus som låg intill vattnet. Väl där brukade jag bara sitta och lyssna på porlandet från vattnet. Kunde sitta en lång stund för att finna ro. Det som var det skönt var att det släppte vissa gånger. Andra gånger tog det längre tid. Kunde även sitta och måla och kladda rejält, för att få ut känslorna, vilket är en bra terapi det också. Alla sätt är bra. Jag fann mitt sätt när inte Anders fanns i närheten. Ibland blev det en plåga när han inte var hemma. Bestämde då att detta skulle jag klara. Satt ibland uppe i ungarnas rum och spelade data. Kändes ok en stund, men allt omkring mig blev tufft. Det kändes som väggarna trycktes inåt mot mig. Då avbröt jag för att göra något annat. Gick ner till den lugna vrån i tv-

rummet. Satte mig i vår divansoffa med breda fluffiga kuddar. Älskade den soffan. Såg hans bil närma sig garageporten, glädjen spred sig i kroppen. Skön känsla att få ha honom hemma igen.

-Nu är jag hemma sa han med sin sammetslena röst.
-Hej sa jag lågt. Skönt att se dig.
Vi kramades en stund för att sedan gå åt varsitt håll. Sprang ut i tvättstugan för att hämta det sista som var kvar. Grannarna hade glömt städa som vanligt. Spindelväven satt kvar och spindlarna sprang över golvet så fort jag steg in igenom dörren. De vita trista väggarna och grå stengolvet var alldeles utslitet, och lukten från avloppet fick det att vända sig i magen på mig. Fick rusa ut och kräkas. Kan bli så ibland! Nåja sade jag för mig själv och vek tvätten, och när jag gick med lugna steg ner för trappen såg jag hur Anders satte fram fika.
-Tänk så underbar man jag har, log lite för mig själv. Jag gick ner för trapporna längs tvättstugan, som låg mycket nära

*vårt hem. Asfalten var full med grus från
alla skor som gått där tidigare. Kände
hur kylan fick mig att huttra till. Hade en
tröja som var smal och lång med som
var alldeles för tunn. Jag ökade takten
och öppnade dörren till vårt hem och
steg in. Varmt och mysigt var det.
- gick det bra frågade Anders från
vardagsrummet.
- Ja, det gick bra, glömde ta jackan
bara.
- kom och sätt dig och drick det varma
jag slagit upp åt dig. Jag såg den stora
soffan som fyllde hela rummet med dem
stora kuddarna. Log för mig själv och
tittade på bordet som var dukat med te
och smörgåsar och levande ljus.
- vad fint du har gjort, sade jag glatt.
Satte mig tillbaka i den stora soffan och
tog koppen intill munnen och drack
försiktigt ur den.*

*Tänker tillbaka på tiden som varit.
Vilken tur vi skaffade vår lilla angel, hon
kom som en räddande liten ängel, som
fick mig hel igen. En tik som var från en
fin kennel i Göteborg. Tänk att denna
lilla sötnosen hjälpte till. Jag fann mitt*

rätta jag igen. Medicin för själen sägs det! Håller jag med om. Ungefär som hon förstod mig, för när jag mådde sämre kröp hon intill mig, och när tårarna rann slickade hon bort dem. Idag har vi ett band ingen annan kan förstå. Alla bygger ett speciellt band med sin hund, så är det bara. Hon skriker så fort jag går iväg. Helt galet! Tänk vilken gåva livet har. Så länge du finner någon du älskar eller känner dig trygg med, då har du någon med dig hela vägen.

11

Reflektion och analys av vårdens insatser. I allmänhet var den bra. Fick en del erfarenhet och kunskap från både KBT och behandling. Fick utskrivet en del för min ångest, som jag inte blev bättre på. Fick trappa ut medicinen då den förvärrade ångesten. Bra hjälp med både insatser från vården och olika former av behandlingar. Även informationen till närstående upplevdes bra, kan förbättras en hel del. Kan vara individuell upplevelse. Det som kan kännas skönt är att dem är professionella i sitt arbete. Sätta diagnos och lägga upp en plan och behandling, sen gå igenom alla stegen.

Om jag inte fått hjälp från vården vet jag inte vart jag varit idag.
Alla var respektfulla och lyhörda, det som också var positivt var att akuten

även fanns tillgänglig i fall det fanns behov.

Dem tar emot skärrade och akut patienter på piva som är en mottagning för både öppen och slutenvård. Teamet som arbetar runt dig finns där hela tiden för dina olika behov. Piva är psykiatrisk intensiv vårds avdelning som används när det blir för tufft att hantera ångesten. Det kan kännas skönt att ha dem i närheten i fall det finns behov av det.

12

*En extra påminnelse om medveten
närvaro, hur du lyckas nå målet.
Medveten andning, där du fokusera på in
och utandning. Tänk på en plats där du
är trygg, stanna där, djupandas i lugn
takt. Öppna alla dina sinnen, upplev dem
på annan nivå.*

*Observera och acceptera tankarna som
kommer utan att bli rädd, andas lugnt
och stilla. Uppmärksamma kroppen, hur
du står, går och ligger exempel, hur det
känns runt omkring.*

*Var närvarande när du äter eller diskar
som jag nämnde tidigare.
Detta är bara en påminnelse för den
hjälpte mig i min ångest.*

*Vill även dela med mig av det sista
träningsmomentet. Detta är en stor
rekommendation som fick mig att*

slappna av helt. Det är individuellt. Du kan pröva meditation, som är mycket avslappnande för den som vill gå längre. Pröva er fram. En uråldrig teknik som kan få vem som helst att stressa ner. Glöm bort dina vardagliga problem. Fyll på med ny energi, Under någon eller några timmar. Inga rökelser eller liknande behövs, du sitter i ett svalt rum och bara finner lugnet inom dig.

Ha bekväma kläder och tänd gärna ett eller flera ljus och avsätt cirka tio minuter att börja med. Hitta en bekväm ställning där du kan sitta rakt med ryggen. Sitt gärna på golvet, har du svårt att sitta på golvet kan du sitta på en kudde för bra stöd. När du funnit en bekväm ställning så kommer nästa steg

Här väljer du själv om du vill ha öppna eller stängda ögon, det är olika. Beror på själva känslan du känner inom dig. Därefter startar själva andningen. Känn andningen gå in genom din näsa, ner i dina lungor och upp igen, och sen ut genom munnen. Försök koncentrera dig. Följ andetagen ungefär som när du gör

*avslappning av någon form. När du väl
lärt dig andningen flyter ditt fokus på ett
annat sätt. Det tar lite tid att lära känna
sin kropp och slappna av på rätt sätt.
När du utövar detta fler gånger så finner
du snart rätt sätt. Ha tålamod.*

*Nu fokuserar du på varje del i kroppen,
exempelvis ansiktet hur du slappnar av i
hela ansiktet och koncentrerar dig på
andningen under tiden. Samma gäller
för resten av kroppen. Försök slappna av
i musklerna i kroppen, och finn lugnet
utan att stressa i onödan. Glöm inte att
andas under tiden från näsan ner i
lungorna och ända ner i magen och sen
hela vägen upp igen. Då har du lyckats
finna ditt fokus.*
*Alla bra sätt är bra vid avslappning till
slut lyckas även du. Har prövat det
någon enstaka gång, fick med lite om det
i alla fall, önskar dig ett stort lycka till
med allt. Kom ihåg att alla är nybörjare,
det tar tid att lära sig.*

13

*När jag tänker tillbaka så förstår jag
vad som utlöste panikångesten. Jag var
instabil, orolig och stresspåverkad. Det
resulterade i min psykiska ohälsa. Ska ge
er en inblick i mitt liv när jag var yngre.*

*Jag var festa typen, den där som syntes
ute. Jag var den som alla ville träffa. Jag
hade då ett förhållande som inte varade
så länge.*

*Jag festade varje helg. Även på
onsdagar. Vi kunde gå ut mitt i veckan,
vi drack och dansade. Resulterade i att
jag gick ner väldigt mycket i vikt. Vägde
nog som minst 45 kg. Såg verkligen sjuk
ut och ingen reagerade. Fast dem kanske
borde ha gjort det.*

*Första gången råkade jag av misstag
skada mig inne på toaletten. Det var inte
medvetet utan jag var onykter. Jag skulle
stoppa en annan tjej från att skada sig,
och skrämde upp henne istället. Jag fick
henne att tänka om.*

*Efter det fick jag höra.
"skär du dig för att någon ska tycka
synd om dig själv, eller för
uppmärksamhet." Nej och åter nej, vi är
inte ute efter uppmärksamhet.*

*Självskadebeteende skapas av
traumatiska händelser vilket resulterar i
olika händelseförlopp.
Tyvärr insåg ingen det försen det var
försent. Ibland använder vi oss av att få
ut det vi ogillar eller hatar eller vill få
bort genom självskadebeteende. Många
tror det att dem flesta skär sig för
uppmärksamhet men det är så fel.*

*Självklart gjorde detta mig så pass
ledsen, att få höra dessa ord hela tiden.
Det fick mig till slut att börja, jag vände
dem till tankar och tillslut kunde jag inte
hålla det tillbaka.*

*Klart han hotade med att skära sig själv
mitt i allt, vilket fick mig att sluta
tillfälligt. En dag bestämde han sig för
att lämna mig för en yngre version. Då
började allt igen. Tankarna som kom var
jobbiga att hantera. Det resulterade i att
jag byggde upp en mur. Gjorde illa mig
själv igen på olika sätt.*

*Det blev en stressig tid, fullt med bråk,
tjafs och alkohol som resulterade i mitt
självskadebeteende, livet blev jobbigt
igen.*

*Än idag tänker jag tillbaka på varför jag
tog det steget, det kommer jag aldrig
kunna svara på. Kände jag ville dela
detta med er.*

*En del kommer säkert tycka jag var
omogen. Vissa kanske gråter, en del
kanske frågar varför. Jag mådde inte bra
den tiden, livet blev för jobbigt, jag blev
sönder trasad.*

*Tänker tillbaka på alla gånger jag gjort
illa dem som stått mig närmast. Jag
tänker ofta på vad jag gjort. Ångrar allt*

*jag förorsakat. Tyvärr kan jag inte dra
tillbaka den tiden fast jag önskar det.
Sårade en del längs vägen.*

*Livet är inte så enkelt, ibland är det tufft
att kämpa sig igenom. Mitt i allt det tuffa
hittade jag vägen ut ur det mörka.*

*För ett par år sedan bestämde jag mig
för att gå efter ett speciellt sms från min
mamma. Det innehöll något viktigt, som
berörde mitt hjärta. Efter hennes sms tog
jag tag i mitt liv. Jag började arbeta via
sociala medier. Jobbade då med olika
produkter i 1års tid och byggde upp ett
globalt företag. Lärde känna nya
kollegor och gick en utbildning för mitt
företag. Vilket kändes bra i början.
Älskade verkligen produkterna, vilket
förändrade min hy. På ett bra sätt.*

*Tillslut fick jag avbryta allt, pressade
mig så pass hårt, det blev ohållbart.*

*Efter ytterligare några månader
bestämde jag mig för att förmedla
fastigheter runt medelhavet. Där blev
min vändpunkt totalt.*

Jag tog också steget att utbilda mig vidare inom Författarskap och Journalistik. Skriver idag böcker och planerna är lagda.

Jag tog steget till något nytt och jag ångrar det inte. Är glad att jag återfunnit glädjen till livet igen.

Jag förlorade många vänner PGA mina val jag gjort idag. Klart det blev tråkigt men så är livet. I dag ser jag framåt.

Vänner kom och gick och dem som finns kvar idag är värdefulla för mig. Finner inga ord hur tacksam jag är för er allas stöd, vänlighet och värme. Tack till er.

Mina sjukdomar tog över humöret och orken, det var en kamp, ständiga smärtor. Har lärt mig hantera dem. Jag märker inte av dem på den nivån längre, hinner inte med att känna efter då mitt fokus är på arbetet.

*Kan tillägga att jag har planer framöver,
har precis börjat leva. Tänker framåt
och är glad att jag ändå fått ihop mitt
liv. Ser inte tillbaka på det som varit.*

*Om jag kunde skulle jag ändra några
saker som satt djupa spår i mitt hjärta,
men måste se framåt.*

*Jag är så glad för det liv jag lever nu,
skulle inte vilja ändra något alls. Är stolt
över min familj. vill du finnas i mitt liv
så får du acceptera mina fel, ogillar du
mig, låt mig vara. Kan inte hålla fast vid
människor som inte vill ha mig i sina liv.*

*NU ser jag det goda i livet, jag ser
framåt inte bakåt, går mycket efter
mammas sms där. Så vad har jag lärt
mig efter alla år, att stå på mig och inte
ta emot hur mycket som helst, var snäll
emot mig själv och tänka framåt. Det gör
jag varje dag, men det är väldigt ensamt
men jag ser inte tillbaka längre, har gått
vidare.*

*Ser framåt och försöker skapa något
eget för mig, maken och mina barn och
för deras framtid. Det är därför jag är
fastighetsförmedlare och författare.
Lever ett liv med min man och våra
ädelstenar, "barnen" och det är ett liv
jag inte vill byta ut. Jag kanske inte
träffar och pratar med dem varje dag,
men dem är där och jag älskar dem
allihop precis lika mycket.*

*Äntligen är jag fri och lycklig och kan
visa er min väg framåt. Om du ger det
tid och tar emot all hjälp och stöd som
finns så kommer du finna ditt mål. Låt
det ta tid, annars går det åt andra hållet.
Och glöm inte du är en vinnare.*

14

*Allt är möjligt i resan mot friheten.
Hatade buss och tåg. Många tror inte att
dem klarar av att ta steget. Jag lovar det
ta sin tid, du är snart där du också. När
jag mådde som sämst så trodde jag
aldrig detta skulle hända, men det gjorde
det. Jag trodde heller aldrig jag skulle
lära mig hantera rädslan för tåg och
buss. Också det klarade jag. Jag vann
över rädslan, fick alltid panik så fort jag
närmade mig ett tåg eller buss.*

*Bestämde mig för att gå över min gräns.
En tidig morgon satte jag mig på tåget
mot Stockholm som skulle ta cirka sex
timmar. Det var den mest omtumlande
resa jag någonsin gjort. Klart det var
tufft men jag gjorde det, jag fick inte
panik.*

*Bemästrade min rädsla och tog över
spaken, kände sådan stolthet. Tidigt
nästa morgon skulle vi vara på
flygplatsen, vi skulle vi ta flyget till
Cypern för mitt nya jobb. Jag
bemästrade det högsta någonsin, som
jag aldrig trodde jag skulle göra. Jag
var livrädd, kände hur svetten rann på
kroppen, men tänkte detta ska jag klara.
Jag vill dit ner och inget ska stoppa mig.*

*Var nervös i säkerhetskontrollen, velade
fram och tillbaka, första gången jag gick
igenom en sådan. Det gick superbra att
komma igenom. Jag och min kollegas
familj satte oss på planet som skulle ta
ca fem timmar.*

*Ni kan tänka er att det var känslor inuti
mig och kunde inte heller komma
någonstans så jag satt lugnt och stilla
kvar i stolen jämte ett främmande par
som jag inte sa ett ord till.*

*Tänk er, du sitter inuti en tryckkabin som
ska upp tiotusen meter upp i luften och
ta dig till medelhavet. Känslan inuti
kroppen när dem stängde luckan. När*

*dem startade motorerna och började
styra ut planet. Det gick massor av
miljoner tankar i skallen. Jag kikade ut
genom sidofönstret av ren nyfikenhet och
det såg så spännande ut. Överallt stod
det bilar som lastade. Asfalten var fullt
med massvis av pilar och olika streck.*

*Dem svängde ut och började axla upp
farten, det kittlade i magen rejält.
Speciellt det sista när dem gasar upp
planet så kraftfullt att du trycks bakåt i
stolen PGA kraften från motorerna.
Vilken känsla att åka i raketfart och sen
när planet steg uppåt så grät jag av
lycka. Känslan var obeskrivlig.*

*Susandet från motorerna var lugnande
på något sätt, sen planade dem ut och
låg alldeles stilla kändes det som.
Alldeles tyst blev det, kan jämföras att
sitta i soffan hemma så lugnt var det.*

*En omtumlande resa, som tog på hela
kroppen. Jag var helt slut i kroppen men
så lycklig att jag tog beslutet att åka. Det
var det bästa beslutet jag tagit sedan den*

dagen. Oturligt nog var inte mitt huvud
med mig den morgonen, trött som jag
var, tänkte inte på att föra över mina
pengar till vanliga kontot så jag kunde
äta.

Tänk er att sitta i en tryckkabin tiotusen
meter upp i luften, med en helt annan
syrenivå. Hade ingen dricka, och vad
tror ni hände. Jag fick blodsockerfall
och torkade nästan ut.

När vi kom fram chockade kroppen, fick
vätska och något att äta. Jag var
framme, jag var här.

 Det var första gången jag åkte ut till ett
land jag inte visste något om. Tänk er
den tropiska värmen, varma solen emot
ansiktet, det vackra runtomkring.
Smaken av den goda maten, rent av
himmelskt.

Sandstränder så långt ögat kunde nå.
Champagnen som var så söt i smaken,
oförglömlig första dag. Sen var det
massor av fastighetsvisningar dagen

efter. Vilka fastigheter, trodde jag drömde. blev helt tagen av allt vackert, sandvita vackra fastigheter som var murade i vitt murbruk. Helt perfekta med olika ytstorlekar. Det var som att vandra runt i en dröm Tänk er en pool utanför balkongen, kunde inte bli bättre. Såg solen gå ner och jag har aldrig sett en så vacker solnedgång, här kände jag mig hemma, här ville jag vara kvar. Kände tårarna sakta trillade nedför kinderna, torkade dem med mina händer och skrattade av glädje, jag hade kommit hem.

Jag hade hittat det perfekta jobbet där jag fick både kunskap och erfarenhet om området och människorna. Det bästa jag gjort. Kommer aldrig sluta.

Jag kunde leva, andas och utan att använda mina mediciner. Det enda jag ångrar är att jag inte hittat det tidigare. Älskar jobbet, att prata med folk, lära känna nya människor, socialt och även i arbetet, nya kollegor, det mest häftigaste jag varit med om.

Det enda jag kunde fokusera på var allt omkring, blev inte mättad av allt vackert jag såg där nere.

Satt och solade och kikade ut på baksidan hur dem byggde upp staden, alltså vilka fantastiska människor, den vänligheten dem har emot andra människor, jag kände mig som hemma. Kändes så perfekt, fast jag velat ha min familj här, då hade det varit fulländat.

Lite visdomsord

Detta är något jag fick till mig från en mycket vis och modig person som står mig nära idag.

Prata om det du tycker om, inte om det som tynger ner dig.
Prata om alla möjligheter du har framför dig.
Prata om det som inspirerar dig och det som gör dig glad.
Prata om det som är nu, och det du kan förändra.
Se aldrig bakåt utan framåt.

*Prata om det som öppnar ditt hjärta inte
det som gör dig ledsen.*

*Planera dagarna varje dag.
Sätt upp små mål varje dag och belöna
dig varje gång du utfört något bra.
Exempel du tog steget att handla en
längre stund denna gången.*

*Gör det som känns bra, ring någon vän,
gå en promenad eller vad som helst.
Sitt aldrig ensam utan prata med någon
om hur du mår, stäng inte inne dina
känslor.*

*Skriv gärna ner det positiva du känt eller
upplevt under dagen, belöna dig för att
du klarat av det.*

*Notis
Är någon elak, tala om det för personen,
klarar du inte det, säg det till någon
annan så den personen kan hjälpa dig
att tala om det. Du ska inte ta emot elaka
kommentarer utan anledning. Det är
dags att sätta stopp. "Vi måste hjälpa
varandra"*

*Om du ser någon som mobbar en annan,
ta ställning, gå fram och säg ifrån.
Hjälps åt när ni kan, tillsammans kan vi
göra skillnad.*

15

*Nu kommer information för dig som
kanske inte fått någon hjälp ännu, och
inte vet hur du ska gå tillväga.*

*Här nedanför är några symtom som kan
komma vid exempelvis psykisk ohälsa.*

*Om du inte mår bra eller känner dig
orolig stor del av dagen.*

*Du känner dig ledsen och omotiverad
och inte orkar gå till skolan eller till
jobbet, du är inte sjuk i övrigt utan det
känns i magen och känslan kommer flera
gånger*

*Du har sömnsvårigheter och känner dig
nedstämd eller deprimerad.*

*Då är det dags att boka en tid på
vårdcentralen, det finns att söka på
internet. För att du bäst ska hitta din
vårdcentral kan du ringa
sjukvårdsupplysningen. Där hjälper en
sjuksköterska och personal dig som är
behov av stöd, råd eller tips. Numret
finns även i alla telefonkataloger och på
nätet.*

*Var rädda om er. Sluta aldrig tro på att
det blir bättre. Ge aldrig upp. Om din
ångest är så pass stark, ge aldrig upp
utan gå framåt. Hur tufft det än är, se
aldrig tillbaka. Ta ett nytt steg varje dag.*

1. *Livet är värd att kämpa för*
2. *Livet är en kamp när ångesten
   tar över.*
3. *Ta ett extra kliv på dina villkor*
4. *Fortsätt gå framåt*
5. *Tillsammans är vi starka*
6. *Gör det du tycker om*
7. *Friheten är där bakom hörnet,
   bara ett litet steg till*
8. *Målet är där borta, ge inte upp.*
9. *Du är en vinnare.*

*Tack till dig som läst om min resa.
Hoppas den gav er en liten inblick hur
det är att leva med Panikångest och hur
viktigt det är att få hjälp i tid för att
kunna hantera den. Och ta steget ut i
livet igen. Jag fick hjälp och nu är jag
här och jag kan hantera ångesten på en
annan nivå. Allt är möjligt det tar bara
längre tid stod det på min tavla jag fick
en gång för ett par år sedan av en vän.
Det stämmer så bra. Att det tar längre
tid men allt är möjligt.*

*När ni läst min bok så förstår ni att det
tar tid att komma tillbaka ifrån
ångestens mörker. Det är så värt att ta
emot hjälpen när det finns. Stegen jag
skrivit in är från min resa och kampen
att lära mig hantera min Panikångest
Du är inte onormal eller galen för att du
söker hjälp från vården, snarare
tvärtom, du är modig.*

Om du läst ända hit, tack!

*Sprid gärna ordet, sprid även boken
vidare så fler får stöd, det finns många
som kämpar där ute.
Om du tyckte den var värd att läsa sprid
den. Tack!*

*Jag har mycket kvar att lära om psykisk
ohälsa men detta var lite om min resa.
Lycka till!*

Mvh Diamant Eriksson

*Jag ville få fram varför den tar kraft och
vad som finns att göra. Och att allt är
möjligt, bemästra din ångest du också på
dina villkor.
Ta hand om er!*

Det mäktigaste mörkret någonsin.

*Ännu en gång är du borta, jag fick dig
jag bemästrade dig, jag vann över dig
denna gången också.*

*Nu är det jag som har makten över mig
själv. Jag vann.*